W0290104

DU MÊME AUTEUR

Aux Éditions Gallimard

UN PÈRE, *puzzle*, 1994, coll. « Digraphe », repris dans « Folio » (n° 2923)

POINTS DE SUSPENSION

Danièle Va[illegible] < FF
début mars 2014 Paris

SIBYLLE LACAN

points de suspension

nrf

GALLIMARD

© Éditions Gallimard, 2000.

à Malou, ma mère

PETITE NOTE AU LECTEUR

Ceux qui ont lu *Un père* reconnaîtront d'emblée la structure du livre qui suit, identique à celle de mon premier récit : une succession de « bouts », comme je m'obstine à les appeler. Là encore, ils ont été écrits dans le désordre et mis en place à la fin seulement.

On se demandera peut-être si, cette fois, je me suis « lancée » dans la fiction (le fameux deuxième livre). Il me plaît de souligner ici, au cas où cela n'apparaîtrait pas de manière éclatante au fil des pages, que là non plus je n'ai rien inventé.

POINTS DE SUSPENSION

C'est juste après la guerre. Une petite fille entre en dixième au lycée Carnot. Elle n'a pas tout à fait six ans. Haute comme trois pommes, un visage d'ange, elle a (pour la dernière année) deux courtes nattes blondes. Dans la classe, seulement trois filles. Les autres sont des garçons. (Je vois encore Jean-Philippe Klotz, Bertrand Wechsler, Henri Drouin, Patrick William. Salut !)

L'heure est à la dictée. Dans sa main droite, elle serre le grand porte-plume. Penchée sur le cahier, elle s'applique terriblement. La maîtresse dicte. Elle écoute les mots de la maîtresse et elle écrit. Elle regarde la page et l'effroi l'envahit. Chaque lettre une araignée, les mots sont illisibles. Le papier boit. Que faire ? L'angoisse monte. Elle continue d'écrire à travers les larmes qui brouillent encore ses gribouillis. La maîtresse approche. Son cœur va éclater. Sûrement le châtiment sera terrible...

C'est, je crois, l'année suivante qu'eut lieu un drame dont le souvenir douloureux me poursuivit pendant des décennies.

C'était l'heure de la récréation. Avais-je prémédité mon « coup » ? En tout cas, je restai seule dans la salle de classe. Un objet rare, un objet de luxe, un objet inaccessible (vu l'époque et les finances de maman) m'était apparu dans la matinée, posé « comme si de rien n'était » sur le pupitre de mon voisin. Il s'agissait d'une petite règle en métal (aujourd'hui, en la revoyant et en la soupesant par le souvenir, je crois pouvoir affirmer, sans crainte de me tromper, qu'elle était en aluminium), d'environ vingt centimètres de long, non pas plate — ce qui lui eût ôté toute sa valeur, toute sa beauté — mais à tranche carrée. Un bijou !

Ma fascination, mon attirance était telle que

tout sens moral m'avait quittée. Je ne *volai* pas la règle, je la « pris » tout simplement.

Mes petits camarades avaient réintégré la classe. Je ne dissimulai même pas la règle puisque désormais elle était mienne. Mon voisin s'aperçut aussitôt du larcin. Il veut me la reprendre. Je résiste. Il en appelle aux autres, les prend à témoin, tempête, gesticule... jusqu'à ce que le verdict tombe : cette règle appartient à Sibylle, ça ne fait aucun doute, l'affaire est close.

De retour à la maison, je cachai la règle au fond d'un placard de ma chambre non pas pour que les autres ne la vissent pas mais pour ne pas la voir moi-même. Je ne m'en servis jamais, n'y jetai jamais un regard, rien n'y fit. Je voyais approcher avec terreur l'année de ma première communion : comment oserais-je avouer un péché aussi énorme ? De fait, ce qui m'apparut au fil des ans comme le pire n'était pas tant d'avoir commis un vol que d'avoir laissé un camarade passer injustement pour un menteur (toujours l'humiliation).

Ce n'est qu'une trentaine d'années plus tard que le sens de ma faute cessa de me faire souffrir. Alors que je venais de raconter très sérieusement cette histoire à mon psychanalyste, celui-ci dénoua l'affaire par ces mots : « Ce jour-là, vos camarades ne vous ont pas rendu service. »

Dans mon enfance, il y eut le hululement lugubre des trains de Pont-Cardinet, que les vents parfois amenaient jusque chez nous, et que je prenais pour les cris des sorcières traversant la nuit à cheval sur leur balai (la bonne entretenait à plaisir cette vision inquiétante). Il y eut aussi le ramdam des chats le soir, alternance de pleurs interminables de nourrisson et de cris de fureur guerriers, mais qu'ont-ils donc (j'avais mal), et enfin — plus joyeux, plus radieux, pleins d'allégresse — les criaillements des hirondelles qui tournoyaient, le printemps venu, dans le ciel pâlissant de la rue Jadin et qui faisaient bondir mon cœur dans ma poitrine alors que, petite fille, je les suivais du regard, debout sur le balcon.

J'allais oublier le hurlement lancinant des sirènes — mais là j'étais beaucoup plus grande — que l'on remit en marche un vilain jeudi à midi (pour les essayer ? les maintenir en état ?) et qui, longtemps, avant que je finisse par m'y habituer, refirent surgir du tréfonds de ma petite enfance une angoisse que, pour la première fois, j'éprouvais consciemment.

Tous ces sons, indissolublement liés à ma lointaine enfance, je ne peux désormais les entendre sans une certaine nostalgie... même s'ils ont perdu de leur caractère magique.

Alors que j'étais encore toute petite, nous allâmes passer quelques jours en Normandie chez des amis de maman qui possédaient une vaste propriété : une grande maison de maître entourée de prés qui s'étendaient sans fin. Dans mon souvenir, je ne vois que la terrasse où les adultes se tenaient après le déjeuner, pour prendre le thé, jouer aux cartes, et la couleur verte envahissante, obsédante de l'herbe qui agressait la vue où que l'on porte ses regards.

J'ai su plus tard que c'était là que j'avais été conçue mais, en ce qui concerne mon expérience personnelle, cette maison est liée à un événement bien banal en vérité, mais si intense pour moi qu'il me revient encore parfois à la mémoire.

À l'heure du dîner, alors qu'on allait se mettre à table, la maîtresse de maison annonça solennellement qu'un objet avait disparu —

d'ailleurs sans aucune valeur, je pense à une pomme (!) — et que l'auteur de ce vol ne pouvait être que moi, était moi, la plus jeune des enfants présents ce jour-là (pourquoi cette précision de ma part ? se pourrait-il que ce fût la raison ?). Je niai avec vigueur, sans succès. Maman prit ma défense en vain. L'opinion publique était contre moi, c'était clair. Cette accusation injuste m'humilia jusqu'au plus profond de mon être : *on ne me croyait pas, je n'existais plus.*

J'associe maintenant, au moment où j'écris et pour la première fois, cette scène à celle de la règle volée au lycée Carnot. Je me demande en particulier laquelle eut lieu la première. Mon instinct, le souvenir de mon développement mental lors de cet épisode — car, lorsqu'on se souvient, on se retrouve exactement dans la peau, dans la tête de l'enfant qu'on était — me fait dire, affirmer autant qu'il est possible de le faire, que l'anecdote que je viens de raconter se situe après l'autre.

Juste retour des choses ?

« Attendez-moi, attendez-moi ! », la petite fille en salopette court après les garçons. Cela se passe dans le Sud-Ouest. Les garçons, ce sont son frère et le fils de l'amie de sa mère chez qui tous passent les grandes vacances. Les garçons, ils n'ont, respectivement, qu'un an et six mois de plus qu'elle, mais à cet âge la différence est énorme et, en outre, elle n'est qu'une fille... Il faut bien le lui faire sentir, s'amuser, profiter de la situation. L'enfance est l'âge de tous les excès...

Je cours donc, désespérément. J'appelle en vain. Ils sont devant, parfois ils se retournent goguenards alors que la distance entre nous s'accroît, bientôt ils m'auront semée. C'est là le but bien sûr, et je passerai l'après-midi toute seule alors qu'ensemble ils sillonneront la propriété, feront mille choses interdites et merveilleuses, libres comme des garçons, doublement joyeux de m'avoir joué ce bon tour.

J'entends encore ma voix d'enfant, « attendez-moi, attendez-moi ! », je les regarde courir comme des diables dans le soleil, la splendeur de l'après-midi, l'immensité de la campagne environnante, et le film s'arrête. Tout s'évanouit. Je ne les vois pas revenir. Je ne sais pas ce que j'ai fait ce jour-là. Comme dans les rêves, tout se termine au point culminant, quand la tension est portée à l'extrême.

J'ai grandi à l'ombre des glaïeuls. Aussi suis-je probablement la seule à Paris à nourrir en secret un sentiment tout particulier pour ces fleurs passées de mode. On n'offre plus de glaïeuls : ce serait une faute de goût, ils sont rigides, sans grâce, d'une autre époque, en un mot ringards.

À Montparnasse, les grandes brasseries emploient souvent ces fleurs pour composer le gros bouquet central qui est la signature de leur prestige. Quand j'entre dans un de ces établissements et que mon regard tombe sur « le bouquet », je pense aussitôt à maman. Pendant mon enfance et le début de mon adolescence, elle exerçait le métier d'anesthésiste et les malades qu'elle avait endormis lui envoyaient le plus souvent des glaïeuls pour la remercier de ses bons soins et de sa gentillesse.

À la maison, le bouquet était placé toujours au même endroit, sur une console élevée, dans la chambre de maman qui était aussi le salon, à gauche en entrant, près d'une des deux fenêtres. Les glaïeuls ont tout vu et tout entendu. Ils surplombaient la grande table ronde en acajou autour de laquelle nous nous réunissions, ma sœur, mon frère et moi, pour être avec maman. C'était le point central de la maison. Seule maman avait son fauteuil attitré. C'est là qu'elle ouvrait son courrier, réglait ses factures, se livrait à des petits travaux de couture, tout en nous écoutant. (Qu'elle pût faire deux choses à la fois était pour moi un mystère et parfois je lui enjoignais — sans résultat d'ailleurs — de cesser toute occupation afin d'être entière à moi et de mieux m'écouter, pensais-je.)

Elle était sereine, bienveillante, l'œil bleu, les mains agiles — notre unique point de repère.

Et au-dessus, dans le coin près de la fenêtre, les glaïeuls veillaient.

Je n'avais pas encore vingt ans. Des cousins de ma mère m'avaient gentiment invitée à passer un week-end avec eux dans leur petite maison de campagne — charmante demeure villageoise pourvue d'un jardin entouré de hauts murs. L'homme — ingénieur de profession — y cultivait avec amour des légumes, maniant avec énergie la pelle et la pioche, tandis que sa femme s'occupait des fleurs et de la maison. Mais pour l'adolescente que j'étais (peu portée sur les activités manuelles), le plus important, le plus merveilleux, c'était la présence d'un cerisier se dressant devant la maison, à peine le portail franchi. Si j'en parle ainsi — vous l'aurez deviné — c'est que, ce fameux week-end, l'arbre croulait de cerises : couleur rose orangé, ni trop sucrées ni amères, de celles dont on a envie de manger encore et encore précisément parce qu'elles ne sont pas écœurantes et qu'elles sont si douces au palais, si légères que l'une réclame impérieusement la suivante.

Mais je m'égare une fois de plus. Ce couple, qui, je crois — cette invitation en est une preuve —, avait une affection particulière pour moi, était des bourgeois libéraux, ouverts (ou du moins voulant l'être) aux idées nouvelles et aux choses de l'art. Alors que nous conversions, mon cousin et moi, entre *sa* remise et *mon* cerisier, il m'interrompt soudain et me pose à brûle-pourpoint cette question primordiale : « C'était un homme ou un monsieur ? »

Cette phrase stupéfiante, qui est restée fichée dans mon cerveau comme une hache dans un tronc d'arbre, appelle toutes sortes de conclusions. Par exemple, qu'il ne faut pas se fier aux apparences, ou encore qu'on en apprend tous les jours (jamais je n'avais songé à une telle conception du monde), ou encore — et c'est celle-ci que je retiendrai — que les valeurs ne sont pas les mêmes pour tous.

Car plus tard je me suis rendu compte que l'essentiel, en l'occurrence, était justement d'être un homme ou une femme et surtout pas un monsieur ou une dame (et peu importe l'image que les autres ont de vous).

Ah ! les surboums ! les surboums de jadis où les filles attendaient encore que les garçons les invitent à danser. Quel souvenir, quelle torture ! Je ne laisserai personne dire que *l'adolescence* est le plus bel âge de la vie.

D'abord il fallait se préparer, s'habiller, se parer, mettre une robe que je trouvais ridicule et dans laquelle je me sentais mal à l'aise. Décolleté, taille serrée, escarpins, maquillage : l'horreur. Oui, j'avais horreur de ça. Il *fallait* plaire, plaire à tout prix, se plier aux conventions. Plaire à qui, plaire pourquoi, *plaire à tous* ? Pour qui me prenait-on, pourquoi me laissais-je faire ? Ma révolte inconsciente : avant de sortir, j'étais prise d'une légère fièvre.

Jusque-là les garçons avaient été mes amis, mes frères, mes égaux. Soudain j'étais séparée d'eux par une barrière invisible, incompréhensible, irréductible, infranchissable : l'océan, le cataclysme, que dis-je, le raz de marée de la sexualité ! J'aurais tellement aimé que cela continuât comme avant. Fini la complicité, l'amitié amoureuse. Mes frères étaient des étrangers, de loin ils me jaugeaient, ils me jugeaient, ils m'appréciaient, et dans ce rôle j'avais honte.

J'aimais danser. Il me fallait attendre qu'un de ces jeunes crétins me remarquât.

Si l'un d'eux d'aventure me plaisait, ce n'était presque jamais réciproque et je souffrais toute la soirée sans même pouvoir tenter ma chance.

Ce fut une période glauque, obscure, insupportable.

Plus tard (ça vous étonne ?), c'est moi qui ai choisi. Les artifices de la féminité ? je les avais jetés par-dessus bord, mon corps et mon visage n'en avaient pas besoin. Parler, sourire, j'en étais capable. Enfin je pouvais être moi. Et tant pis pour les hommes qui ne me voyaient pas.

Oserai-je vous raconter l'histoire troublante du vieux-monsieur-d'en-face et surtout y réussirai-je ? Je m'y suis déjà cassé les dents lors d'une première tentative, j'ai tout laissé en plan, dégoûtée, hors de moi, partagée que j'étais entre le sentiment de n'avoir toujours pas digéré cette histoire (entendez par là, de ne pas l'avoir disséquée suffisamment en analyse, d'où cette impossibilité d'en parler publiquement) et celui, plus général, de mon incapacité, de ma *nullité*, pour tout dire, en matière littéraire.

J'ai donc décidé, même si la situation est fondamentalement toujours la même, de relever à nouveau le défi en misant cette fois-ci sur mon obstination, sur mon amour-propre (il *faut* que j'y arrive) et en déployant toutes les ressources de mon art, y compris les plus déloyales. L'enjeu, pensé-je, en vaut la chandelle...

Tout a commencé, il y a bien longtemps, un

jour que notre concierge (qui était aussi celle de l'immeuble d'en face) me fit des confidences alors qu'elle me remettait le courrier. J'étais alors une toute petite fille et cette « brave femme », selon maman, m'apprit que Monsieur X (je n'ai jamais pu retenir son nom) avait un faible pour moi (c'était le sens bien qu'elle n'employât pas, dans mon souvenir, cette expression), qu'il me trouvait mignonne, vraiment très mignonne, et d'ailleurs qu'il était plein d'admiration quand je faisais les pieds au mur sur mon lit... Brave ou perverse ? L'homme d'en face l'avait-il chargée de me faire passer le message ou bien en avait-elle pris l'initiative elle-même ? De toute façon, cela ne change pas grand-chose : dans les deux cas, rien n'obligeait la Célestine à rapporter à une petite fille les propos d'un homme d'âge mûr sur le désir que celle-ci lui inspirait.

Quoi qu'il en soit, me concernant, la fascination était en marche, et pour longtemps...

Comme je l'ai déjà dit dans *Un père,* à cette époque nous vivions seuls — ma sœur, mon frère et moi — avec notre mère. Notre père était ailleurs, absent, et nous ne le voyions que rarement. Jamais dans les rapports que maman entretenait avec les hommes, je n'avais discerné autre chose que de l'amitié, de l'estime ou de la simple courtoisie. Du désir, chez maman, je n'en avais jamais perçu.

L'information dont la pipelette se fit, sciemment ou non, la messagère fut pour moi décisive. Dans le désert sexuel de mon enfance, un homme s'intéressait à moi, j'étais sa prisonnière... Du jour où Madame S. (de son nom à elle je me souviens très bien) me dessilla les yeux, je me mis à l'observer régulièrement de ma fenêtre. La chose était d'autant plus facile que l'atelier qu'il occupait était un peu en contrebas par rapport à notre appartement. De plus, étant un artiste (il dessinait des affiches publicitaires), il demeurait chez lui toute la journée, assis des heures durant, quasiment immobile, à sa table de travail qu'il avait collée contre la baie vitrée de la grande pièce, juste en face de chez nous, de l'autre côté de l'étroite rue.

Le plus souvent, je le regardais debout derrière la porte-fenêtre à deux battants de ma chambre. Parfois je me *risquais* jusque sur le balcon. Le mot n'est pas trop fort car, dans ce cas — je n'ai jamais trouvé d'explication —, presque toujours il levait tout soudain la tête vers moi, comme si quelque fantôme l'avertissait de ma présence, et je battais aussitôt en retraite vers l'intérieur. Parfois encore, la nuit tombée, il m'arrivait de le regarder de derrière le rideau en voile, profitant ainsi du faisceau lumineux que projetait sur sa table l'unique lampe allumée, tandis que, naïve, je me croyais invisible. Mais, là aussi, il relevait soudain la tête, sentant mystérieusement mon regard posé sur lui, et je mis un certain temps à comprendre qu'il pouvait parfaitement me voir si ma chambre était éclairée. (Dès lors, j'éteignis la lumière.)

Un élément d'attrait supplémentaire était pour moi les visites féminines que recevait de temps à autre le célibataire. À cet égard, le commentaire, la légende devrais-je dire, m'était fourni par Madame S., qui, quand j'y pense aujourd'hui, devait renseigner également, en entremetteuse accomplie, l'autre partie sur l'intérêt qu'elle-même avait suscité chez moi pour le personnage. J'appris donc que Monsieur X, un gentleman au demeurant, n'avait qu'un seul défaut que Madame S., je l'entends encore, qualifiait avec une visible indulgence de « péché mignon ». Malgré mon retard considérable concernant les choses du sexe, je *voyais* bien que tout cela sentait le soufre et ma fascination n'en était que plus grande. Que ressentais-je au juste quand l'homme d'en face prenait une de ses femmes sur ses genoux ? de l'envie ou de l'épouvante ? Les deux à la fois, je présume. Et quand il sortait de son antre vers six heures du soir, tranquille, léger, alors que j'étais clouée dans ma chambre en train de faire mes devoirs ? Debout sur le balcon, je le voyais s'éloigner sur le trottoir d'en face, se dirigeant toujours vers la sortie de la rue à main droite, c'est-à-dire vers la rue Médéric. *Où va-t-il, le veinard ?* pensais-je confusément. *Peut-être moi aussi quand je serai plus grande...* Et tout à coup il tournait la tête vers le balcon et me regardait, impassible, avec son masque de Chinois.

Ce manège, ce jeu de regards réciproques, dura jusqu'à mon départ définitif du foyer maternel. J'avais vingt ans passés. Sachez seulement qu'avant de partir je lui ai téléphoné au moins deux fois à seule fin d'entendre sa voix. Comme font les amoureux dans une situation sans issue, je ne prononçais, quant à moi, pas un mot, retenant craintivement mon souffle, puis raccrochais précipitamment... avant que le Ciel ne me tombe sur la tête.

Telle est l'histoire du vieux-monsieur-d'en-face. Maintenant que je vous l'ai livrée — avec beaucoup de peine, comme disait Colette —, gardez-la, je vous prie, car moi je n'en veux plus.

On intègre parfois dans sa propre vie des éléments de la légende familiale. Ainsi en est-il pour moi d'une histoire que nous racontait maman alors que j'avais déjà acquis une conscience politique. Cette histoire m'a toujours ravie, je me la remémore souvent, et je ne me prive pas de la relater à mes amis quand l'occasion se présente : je l'ai faite mienne en quelque sorte.

Il s'agissait de ma grand-mère maternelle, que nous appelions « grand-maman » et qui vivait, dans mon enfance, chez sa fille aînée (la sœur de ma mère) et son gendre. Cette femme, issue d'une grande bourgeoisie provinciale, avait été d'une grande beauté (comme j'ai pu le constater sur les photographies) et était d'une grande bonté, comme j'ai pu m'en rendre compte, petite fille, et aussi par de nombreux indices concernant sa vie entière.

La famille Blondin, du nom de mon grand-père maternel, était républicaine, très républicaine, comme l'ont montré mes cousins germains pendant la guerre, mais ma « grand-maman », malgré la génération à laquelle elle appartenait et son milieu social, se distinguait encore au sein de la tribu.

Mais voici « mon » histoire, fort courte au demeurant :

Mon oncle (le mari de ma tante), quand il rentrait chez lui, rapportait deux journaux : le sien — *Le Figaro* — et celui destiné à ma grand-mère. Pénétrant dans le salon où elle se tenait, il lançait ce dernier sur la table tout en prononçant sur un ton où perçait une tendre ironie cette phrase rituelle : « Le Babouin (tel était le surnom étonnant de ma grand-mère), voici vot' *Popu* ! »

Que ma grand-mère ait adhéré aux idées de Léon Blum, voilà qui me rend encore fière aujourd'hui.

Comme chaque été, j'étais dans l'île de F., en pleine Méditerranée, au large des côtes d'Espagne. La maladie que j'ai évoquée dans mon premier livre n'en finissait pas de finir. La chaleur, le silence et ma solitude dans cette maison superbe où j'habitais — murs de près de un mètre d'épaisseur, plafond en troncs d'arbre non équarris, fenêtres étroites semblables à celles des fermes d'Afrique du Nord, toit plat — l'amplifiaient encore. Certains jours ma faiblesse était telle que je ne pouvais sortir de ce lieu qui tantôt m'apparaissait comme un palais, tantôt comme un tombeau. J'avais alors l'habitude de me coucher très tard et de boire beaucoup. Au réveil, le soleil déjà haut avait transformé la campagne alentour en fournaise. La faiblesse de mon corps (muscles et nerfs) n'avait d'égal que le vide de mon âme. Ce jour-là mon accablement était à son comble. On se dissout, on n'est plus rien. En vain cherche-t-on une issue. Car quelle issue peut-il y avoir quand tout désir s'est éteint ? Ce jour-là, dans un sursaut, comme une somnambule, je pris ma 2CV et me dirigeai vers l'autre bout de l'île. Bouger, au moins bouger — tromper la mort ? Ne me demandez pas de décrire la route — les murets ocre des chemins encastrés, la mer bleue — car, ce jour-là, sûrement je n'ai rien vu. J'arrive à Es Caló, un petit port de pêche au pied de la « montagne », je descends et m'installe à la terrasse ombragée de l'unique pension-restaurant. L'endroit est vide. Les gens sont à la plage. L'oppression est toujours la même, je ne sens rien, j'ai peine à respirer. Soudain, une famille d'Espagnols est là : le père, la mère et la fillette. Celle-ci n'est pas jolie et il est clair qu'elle marche depuis peu. Son père joue au ballon avec elle. Mon regard s'attache à eux. Le père a beau faire rebondir tout doucement le ballon jusqu'à ce qu'il arrive entre ses bras, la petite fille ne réussit jamais à l'attraper. Elle court alors après lui, claudiquant et riant, se baisse, le prend dans ses deux mains et le renvoie maladroitement à son père. Ainsi va le jeu. La poussette attend dans un coin. Je ne sais plus où est la mère. Le jeu s'arrête enfin. Ma fatigue a disparu...

Je ne fais pas la cuisine — tous mes amis le savent. Il fut un temps, néanmoins, où je faisais encore des efforts pour me nourrir « normalement ». Ainsi m'arrivait-il (trois ou quatre fois par an ?) d'aller chez le boucher m'acheter un bifteck, viande saine par excellence, pensais-je, et facile à faire cuire.

Mais mon propos n'est pas de vous raconter ma vie quotidienne, mes habitudes ou mes phobies. Un jour que je faisais la queue à la boucherie du coin de la rue, j'assistai à une scène que je n'ai jamais oubliée. Des clients ordinaires, un boucher terriblement classique : bel homme, la moustache noire fournie, le regard clair, son visage reflétait l'assurance du professionnel qui a bien réussi sa vie et qui sait qu'il le mérite. La bouchère est à la caisse, l'apprenti obéit aux ordres de son patron mais n'a pas de contact avec la clientèle. On l'aura compris : le maître ici c'est le boucher.

Devant moi, dans la queue, une « petite vieille ». Elle demande du mou pour son chat. Le boucher s'exécute, grand seigneur : on ne fait pas payer le mou. La vieille femme sort avec son paquet, humblement comme les pauvres. Le boucher, à qui on ne la fait pas, peut enfin libérer son cœur : « Elle dit que c'est pour son chat mais c'est pour elle », lance-t-il avec mépris.

Nous voilà informés.

Entre « gens bien », on peut tout se dire...

Dans ma petite Austin rouge, je descends l'avenue René-Coty vers la place Denfert-Rochereau. Les proportions de cette place, la multiplicité des artères qui y convergent et la présence en son centre du fier Lion de Belfort obligent les automobilistes qui veulent la traverser à suivre des itinéraires en arabesques. Je décrivais, pour ma part, une large courbe sur la droite afin de rejoindre le boulevard Raspail. C'est alors que je la vis au loin, au milieu du passage clouté, petite et courbée, se hâtant avec peine pour atteindre l'autre rive. Le feu était au rouge, la place quasi déserte à cette heure de la journée, la vieille dame avait tout son temps... et pourtant elle a peur. Cette peur sans raison, pourtant je la ressens, je la ressens violemment comme une humiliation pour la vieille dame, il faut faire quelque chose. Je ralentis aussitôt, comme pour lui dire par la pensée : *N'aie pas peur, ma chérie.*

Bien des phénomènes étranges ont jalonné ma vie. Ce qui s'est passé à Es Caló en est un. Je me propose de vous en conter un autre ici. Sachez d'abord qu'il me ramène à une période très pénible (euphémisme) de mon existence, que je n'ai fait qu'effleurer dans mon livre précédent, et que par conséquent il me faut surmonter hésitations et réticences pour me mettre au travail.

Et justement c'est de travail qu'il s'agit. Pendant plus de dix ans j'ai été incapable de subvenir à mes propres besoins. Moi, la bonne élève, la « bûcheuse », j'avais soudain sombré dans un état d'asthénie physique et intellectuelle aussi inexplicable qu'abominable à vivre. Mais, ici encore, ne nous étendons pas. Peut-être un jour...

Dans cet état donc où le désespoir le disputait à l'ennui, les années passant et une légère amélioration se faisant jour, deux « choses » (deux buts à atteindre) m'apparaissaient comme primordiales, essentielles : un homme et un travail (je l'ai noté tel quel dans mon journal sur un feuillet séparé : « un homme et un travail »).

Des hommes, il y en eut plusieurs, successivement, séparés par de longues plages désertiques, chaque histoire se terminant par un échec. J'étais bien sûr invivable : comment résister à la contagion du malheur ? Le travail, c'était une autre paire de manches : réveil à midi après douze heures de sommeil, impossibilité de me concentrer, la mémoire qui s'effiloche... Et pourtant j'essayais encore et encore. Jusqu'au jour où une amie me parla d'une organisation internationale siégeant à Paris où l'on donnait aux candidats agréés des traductions à faire à domicile.

(Il faut que j'aille plus vite, ces lignes me rendent malade.)

Je résumerai donc : pendant trois ans, je traduisis chez moi des textes pour cette institution. À grand renfort de cigarettes et, la nuit, de whisky, je travaillais de deux heures de l'après-midi à deux heures du matin.

Je gagnais donc enfin ma vie, mais à quel prix ! Là encore passons... pour arriver à l'histoire qui m'a obligée à faire ce douloureux détour. (Aurais-je honte de ce que le destin m'a fait subir ? Les victimes, c'est bien connu, se sentent presque toujours coupables, de même que les vaincus ont presque toujours tort.)

Un jour, je saute le pas : sur les instances répétées du chef de la section française, j'accepte de traduire sur place. Les avantages étaient nombreux : j'échappais à la solitude, je finissais de travailler à coup sûr à huit heures du soir, mes week-ends étaient libres et j'étais beaucoup mieux payée. Je « pose mes conditions » qui furent aussitôt acceptées : horaire décalé (je commence à onze heures), un bureau pour moi toute seule et pas de textes touchant aux sciences exactes.

La semaine cruciale est là : je vais entrer — terrifiée — dans le monde du travail, dans le monde des adultes, dans la *normalité*... J'arrive complètement déboussolée après une nuit trop courte. On m'assigne un bureau. Je me lance. Fumant cigarette sur cigarette, je dicte ma traduction sur un magnétophone comme c'est l'usage dans cette maison. Ma fatigue est intense. Un certain rendement est demandé, que je cherche en vain à atteindre. Les originaux sont incompréhensibles, j'appelle au secours les collègues qui me prêtent gentiment leur concours. La première journée est terminée. Je rentre à la maison comme un zombie. Le réveil, chaque matin, quatre heures plus tôt que d'habitude est pour moi une torture. Je me lève, je prends le métro, j'arrive dans le brouillard, je fume sans arrêt pour me stimuler. Je monte déjeuner à la cafétéria dans un état second. Les gens autour de moi ont l'air détendu. Combien de temps vais-je tenir ? La semaine avance lentement. Je vais de plus en plus mal. Sitôt rentrée chez moi, je me sers un whisky-Perrier, puis je dîne d'une tranche de pâté avec du pain de seigle, l'œil fixé sur le film de huit heures et demie. Je mets si longtemps à me détendre que la nuit est de plus en plus courte.

Vient le vendredi matin. Non, cette fois-ci, je ne peux pas me lever. Je n'ai plus la moindre force. D'ailleurs ça ne servirait à rien : je serais incapable de traduire. Mais si j'arrête aujourd'hui, pensé-je désespérée, tout est perdu à jamais. Mes efforts auront été vains. J'aurai laissé passer ma chance, ma chance de m'en sortir, ma chance de « vie normale ». J'y vais.

Personne ne peut imaginer dans quel état j'étais ce vendredi matin, dernier jour de ma première semaine de vrai travail, de vraie vie (?). Je regardais mon texte sans rien comprendre. Combien d'heures encore avant la délivrance ? Je monte déjeuner comme un fantôme. Personne ne s'aperçoit de rien. Je me force à ingurgiter quelque nourriture. Je redescends dans ma case. D'ici à huit heures, il y a l'éternité...

En passant, j'ai pris un café à la machine. Je le sirote dans mon bureau, cinq mètres carrés tout au plus. J'ai une voisine derrière la cloison, dix ans de moins que moi mais une expérience beaucoup plus longue dans le métier. Elle a l'air d'une collégienne, c'est une excellente traductrice, elle a toutes les qualités que je n'ai pas : aisance, rapidité, jeunesse (j'ai presque trente-huit ans). Elle frappe à ma porte et déboule dans mon bureau, son gobelet de café à la main. « Je ne vous dérange pas ? — Pas du tout », etc. Je la vois, mais j'ai du mal à l'entendre. C'est comme un babillement. Je ne lui dis rien de mon état bien sûr. Oui, oui, tout va très bien. Et elle s'en va comme elle était venue, légère, joyeuse, elle me rappelle le lycée, l'époque heureuse. Elle est repartie. Je suis de nouveau seule face à mon texte. Mais que se passe-t-il donc ? Qu'est devenue ma souffrance ? J'ai retrouvé tous mes moyens... Huit heures du soir ? Mais ça n'est rien.

(Salut, Marie-Christine.)

Depuis assez longtemps, j'ai coutume d'aller une fois par semaine chez Shopi — le supermarché le plus proche de chez moi — pour acheter les produits de base indispensables à mon alimentation quotidienne. À l'époque où se situe l'anecdote qui va suivre, il y a une dizaine d'années de cela, j'étais déjà tirée d'affaire et n'avais pas de soucis d'argent : plus question de me priver d'une chose ou d'une autre, de comparer longuement les prix, j'achetais ce dont j'avais besoin, un point c'est tout. Quand on a vécu, une longue période de sa vie, dans la plus stricte économie, on a conscience que c'est là un grand privilège et ce sentiment, je crois, j'espère, dure toujours.

Un jour que je faisais ainsi mes courses, poussant avec énergie devant moi le chariot saisi au passage (pure paresse de ma part car un panier eût largement suffi), je vis, quelques mètres plus loin, un vieux monsieur en arrêt devant le rayon « café ». Instinctivement, je m'arrêtai à mon tour à l'entrée de la travée pour l'observer à mon aise. Pauvrement vêtu, son porte-monnaie serré dans sa main droite, il semblait abîmé dans la contemplation des multiples marques et types de nescafé qui s'étalaient devant ses yeux. Il les examinait successivement dans la plus grande hésitation. Tout son être — la position de son corps légèrement penché en avant, la concentration extrême qu'exprimait son regard — semblait dire : m'offrirai-je ce plaisir ? n'est-ce pas déraisonnable ? Il ouvrit son porte-monnaie, le referma, puis resta là immobile.

Mon cœur se mit à battre dans ma poitrine : oserai-je intervenir ? ne risqué-je pas de le blesser ? Ne supportant plus ma propre hésitation, je m'approchai courageusement et, mine de rien, souriante, m'adressai à lui en ces termes : « Chèr monsieur, accepteriez-vous que je vous offre un paquet de café ? Cela me ferait grand plaisir. » Il me regarda, dubitatif, ne dit rien d'abord et finit par me répondre : « J'accepte, mais à une condition : la prochaine fois c'est moi qui vous l'offrirai. — C'est entendu », dis-je. Il choisit alors le pot le moins cher et je dus insister pour qu'il en prît un de meilleure qualité.

Nous nous séparâmes comme des gens du monde.

Mon cœur battait toujours très fort quand je sortis du magasin. Mais cette fois, ce n'était plus de la peur.

Cela eut lieu dans une station de métro du nord de Paris, du côté de Barbès. Le monde n'est plus le même, les bourgeois sont absents, les visages se colorent. Il flotte comme un parfum étrange et étranger de pauvreté et d'exil.

Dès mon arrivée sur le quai, mes yeux furent attirés par un personnage âgé muni d'une canne d'aveugle et se tenant, impassible, debout devant la voie. Ce qui me frappe en lui c'est la noblesse de son allure combinée avec un curieux habillement issu de deux cultures. Autant que faire se peut il a conservé les vêtements de son pays — la djellaba notamment — mais, est-ce le temps qu'il fait (c'est l'hiver) ou l'influence des nombreuses années passées en France ? il porte par-dessus une espèce de long gilet matelassé que barre de haut en bas une grosse fermeture Éclair. Il me vient à l'esprit — parfois le temps s'étire — que c'est sa femme qui a inventé et fabriqué cet habit tout exprès pour lui, mais j'avoue n'être jamais entrée dans les boutiques de fringues des quartiers périphériques de notre capitale. J'insiste cependant : le vieillard aux cheveux de neige possédait une épouse prenant de lui le plus grand soin, que ce fût par amour, par respect, selon les règles de la tradition, ou pour toutes ces raisons à la fois.

Fascinée par cet homme au regard à jamais éteint, je m'approche de lui pour attendre le métro à ses côtés. La rame émerge du tunnel dans son vacarme familier. De sa canne mon voisin frappe alors le sol à petits coups secs et répétés. Il n'y a dans ce geste ni crainte ni impatience. C'est le plus sereinement du monde qu'il réclame son dû à ses frères humains. Je le prends par le bras avec précaution et le guide à l'intérieur jusqu'à un strapontin. Il me remercie poliment et je m'assieds moi-même non loin de là afin de pouvoir l'observer encore.

Derrière moi, au fond du wagon, la voix jeune d'une SDF perce soudain le tintamarre ambiant. Son couplet terminé, elle s'engage dans la travée centrale en faisant tinter des pièces de monnaie dans une boîte en fer. Le tintement se rapproche. Déjà mon ami arabe a tiré de sa poche quelque pièce qu'il tient prête dans sa main libre. Comme dans un ballet, la jeune fille va vers lui, les deux mains se touchent presque, j'entends la pièce qui résonne. La boucle est bouclée, les portes s'ouvrent, la jeune fille est sortie.

C'était à la station de métro Alésia après une dure journée de travail (les travaux forcés de la traduction huit heures d'affilée). J'étais, comme toujours pendant ces périodes, harassée. Bu sûrement en sortant du bureau un ou deux kirs (plutôt deux). Fumé dès mon arrivée dans ma « case » et ce jusqu'à la dernière ligne.

Je descends donc de la rame et me dirige, aussi fatiguée qu'un ouvrier après l'usine (du moins je le suppose), vers la sortie « AVENUE DU GÉNÉRAL-LECLERC — FACE AU N° 82) », qui me mène à deux pas du domicile de mon grand ami. Un superbe escalier mécanique vous hisse d'une traite jusqu'à l'air libre. Signal lumineux rouge : il est en panne ! De « superbe », l'escalier arrêté se transforme en supplice. Particulièrement long, les marches trop hautes lorsqu'elles sont immobiles, l'invention géniale laisse apparaître — si loin — un morceau de ciel grisailleux propre aux fins de journée parisiennes.

Péniblement je commence l'escalade. Mes jambes me font mal et le tabac se venge : j'ai l'impression d'avoir cent ans. Autour de moi, les gens n'ont pas l'air accablé. (Mes « drogues » me font payer le prix fort.) Soudain, derrière moi, des pas — des bonds — rapides : un jeune et grand Noir me dépasse à toute allure. Tel le naufragé dont les forces l'abandonnent et qui se sent happé vers le fond, je tends le bras en demandant de l'aide. Le garçon saisit ma main au vol et m'entraîne à sa suite jusqu'à la surface. Je n'eus pas le temps de le remercier que déjà, se tournant vers moi avec un grand sourire, il me dit : « C'est sympa de me donner la main. »

(le jour où mon père est mort j'ai eu mes règles au beau milieu de mon cycle)

Quelque temps après la mort de ma mère, en 1983, je fis un rêve horrible. Dix ans plus tôt, elle avait perdu sa fille chérie, Caroline, dans un accident de la route. Cette mort l'avait plongée dans un chagrin, une tristesse qui, bien que s'atténuant sur la fin de sa vie, la marquèrent définitivement. Peu après la mort de ma sœur aînée, elle me dit d'une voix atone, le regard ailleurs : « Je ne *la* vois pas... (que veut-elle dire, pensai-je) sauf l'autre nuit, juste un instant. » Et elle avait l'air désolée du temps si court qui lui avait été accordé. Je compris alors qu'elle parlait de l'apparition de Caroline la nuit, dans ses rêves.

Maman n'était pas croyante, tout comme moi. Pourtant elle m'avait dit : « je ne la vois pas ». La personne aimée est morte, et on la sent partout, on lui parle, comme si soudain elle pouvait être là, tellement on le désire... Les rêves se chargent de ce miracle, relais entre les dieux et les humains. Mais parfois ils vous déçoivent ou pire encore...

Le rêve que je fis de maman me poursuivit, me tortura pendant des jours, et il eût mieux valu que je ne le fisse pas. Car quelles que soient ma filiation ou mes connaissances, je prends souvent mes rêves au pied de la lettre, ils me bouleversent tant que je ne peux les dépasser, les interpréter. Je me dis : c'est la vérité, puisque je ne *pense* pas, qu'ils me sont donnés. Mais laissons là ma puérilité incorrigible. Voici mon rêve.

Je *descendais* dans l'au-delà et je rencontrais maman. Elle était seule, complètement seule. Une tristesse indicible se lisait sur son visage lisse et pâle. Elle marchait sans but, elle errait sans fin dans quelque souterrain crépusculaire. Elle me disait : « Il n'y a personne, je *m'ennuie* (et ce mot surtout me déchira l'âme, car elle craignait l'ennui), je ne suis ni avec les vivants ni avec les morts. » Et je pensais à sa mère et à sa fille adorées qu'elle n'avait pas retrouvées et je pensais à nous, sur terre, qu'elle avait quittés pour toujours. Et le néant me semblait mille fois préférable à cela : Maman était une morte vivante dans un lieu sans nom, séparée des vivants et des morts, condamnée à la solitude pour l'éternité.

Plus tard je lui ai demandé : te rappelles-tu à quel moment tu as cessé de m'aimer ? Il m'a répondu, après avoir mûrement réfléchi : je crois que c'est le jour où tu attendais mon retour, chez toi, et où, quand je suis arrivé, je t'ai trouvée dans tous tes états, une bouteille de whisky à côté de ton lit. C'est ce jour, je crois, que j'ai commencé à avoir peur.

Une autre fois il m'a dit : je n'aime pas qu'on m'aime.

Je me vois, le vendredi 23 septembre 1994, par une belle après-midi d'automne, marchant boulevard Saint-Germain. Je sors du métro — station Saint-Germain-des-Prés — et me dirige, sur le trottoir de droite — terrasses bondées des *Deux Magots,* du *Flore,* je ne distingue pas les gens —, vers la rue Sébastien-Bottin, synonyme pour le monde des lettres des Éditions Gallimard. Ma démarche est légère et déterminée, mon corps souple et droit, je n'ai pas d'âge. Jeans, blouson, foulard serré autour du cou comme d'habitude, je suis invulnérable, triomphante, victorieuse : c'est, en quelque sorte, le plus beau jour de ma vie.

Mais que se passe-t-il donc ? Je me rends chez mon éditeur pour me livrer à l'exercice rituel du « service de presse », qui précède d'une dizaine de jours la sortie d'un ouvrage en librairie. Oh, la gloire ni personne ne m'attendent là-bas. Je serai même surprise d'être seule à ce point. Mon attachée de presse étant ce jour-là déprimée, donc inexistante, on m'assigne tout simplement, comme s'il ne se passait rien d'extraordinaire, une petite pièce sans fenêtre où je me retrouve assise à un bureau sur lequel sont soigneusement empilés cent à cent cinquante exemplaires de mon livre, *Un père*. Je ne dis pas de mon « premier » livre, car je ne sais pas encore si j'en écrirai jamais un autre. Mais n'importe, *le* livre est là et, dans quelques heures, il atteindra ses premiers lecteurs.

Comment traduire le bonheur très spécial de ce jour-là ? N'ai-je pas vécu auparavant l'exaltation qui précède la rencontre avec l'être aimé ? N'ai-je pas déjà été « folle de joie » ?

Et pourtant, ce jour-là, c'est différent. Mon bonheur ne dépend de personne, je ne me mire pas dans l'amour de l'autre, j'en suis l'unique artisan et rien ne peut m'atteindre.

Mais, me direz-vous, pourquoi cette joie alors que vous ignorez tout de l'accueil qui sera fait à votre livre ? N'avez-vous pas souffert et douté trois années durant ? Seriez-vous tout à coup sûre de votre succès ? Vous croyez-vous déjà un écrivain ? Un peu de décence, je vous prie.

Chers lecteurs, laissez-moi vous dire que vous n'avez rien compris. Quand on met au monde un enfant désiré depuis si longtemps — même (surtout ?) s'il vous a causé les pires tourments pendant l'époque de la gestation —, on ne se pose pas ce genre de questions. Le bébé sort de vos entrailles et c'est la délivrance, la paix enfin avec vous-même. L'enfant est là et, quel que soit le destin qui l'attend, vous avez accompli votre tâche. Vous avez créé le monde.

Quand je reçois une lettre, une vraie (je ne parle évidemment pas de la redoutable noria de factures, demandes d'argent, missives du fisc, envois publicitaires et autres calamités qui constituent, hélas, l'aliment principal de nos boîtes à lettres), j'en éprouve un tel plaisir que je ne l'ouvre pas tout de suite. J'essaie d'abord d'en deviner l'auteur (qui donc peut ainsi penser à moi ?). J'examine l'écriture sur l'enveloppe et, si elle ne m'est pas familière, je retourne l'objet pour voir si l'expéditeur a sacrifié à l'usage recommandé par notre cher service public. Si ces premières investigations ne donnent rien, je regarde le timbre et le cachet de la poste qui me fourniront à coup sûr de précieux indices. Ensuite, je palpe le pli pour évaluer approximativement le nombre de feuillets : s'agit-il d'une bonne et longue lettre ? Enfin, quelles que soient mes conclusions, j'emporte ma proie en lieu sûr (un endroit calme où je puisse m'asseoir) et attends le moment idéal pour en jouir (me débarrasser des corvées en cours, avoir l'esprit totalement libre).

Ce rituel m'a parfois joué des tours : le plaisir n'est pas toujours au rendez-vous. L'un ne m'écrit que des banalités (beaucoup d'émotion pour rien), l'autre me couvre d'insultes alors qu'ayant reconnu son écriture je m'attendais à des mots tendres (ce jour-là j'éclatai de rire). Une autre fois ce fut l'inverse : c'était après la publication de mon livre, qui me valut de nombreuses lettres dont certaines m'emplirent de joie. Alors que je m'apprêtais à aller déjeuner dans un petit restaurant du quartier, je pris en passant mon courrier dans ma boîte. Une lettre était là, dont je ne reconnus pas l'écriture. Elle avait été postée à Paris. Je la retourne et découvre le nom de famille d'un ami très cher qui s'était installé en province il y a longtemps déjà et que j'avais perdu de vue depuis des années. En vain j'avais recherché sa trace pour lui envoyer mon livre. Je regarde de plus près : l'initiale du prénom n'est pas la sienne mais celle de sa femme. Une intuition affreuse m'envahit aussitôt : si ce n'est pas lui qui m'écrit, c'est qu'il n'est plus de ce monde. La lettre serrée dans ma main, je descends la rue en tremblant. L'angoisse monte en même temps que la certitude. Je traverse sans rien voir, mon émotion est à son comble. Je pousse la porte du restaurant, repère une table à l'écart, commande d'une voix atone et ouvre la lettre : j'avais « tout faux ». D. (l'expéditrice), qui venait régulièrement travailler à Paris, était tombée sur mon livre, l'avait lu, me félicitait et m'annonçait tout simplement (tout en me donnant sa nouvelle adresse) qu'elle le rapportait à son mari à la campagne. Je m'écroulai sur la table en pleurant.

parfois, quand le cours du temps s'arrête, quand par hasard elle marque une pause allongée sur le dos bien à plat un petit coussin dur calé sous la nuque, le passé se présente à elle plus vrai que le présent, elle pense à des choses lointaines qui défilent dans sa tête, elle est seule face à elle-même. Et soudain ce qui eut lieu jadis, il y a quinze ans exactement (mais c'est hier), surgit de sa mémoire. Elle revoit la scène. La honte l'empêche de répéter ici ce qui a été dit... Mais les mots sont sortis, ça ne fait aucun doute. Trop vite, bien trop vite, elle n'a pas réfléchi. Après c'était trop tard. Le Mal est fait, irrémédiable, inexpiable. Une fois encore, le remords lui perce le cœur. *Ô ma chérie.*

(« ma chérie », c'est comme ça qu'*elle* m'appelait)

Je me disais, allongée auprès de mon compagnon de dix ans — un homme d'une rare bonté —, je me disais : « Au fond, les hommes m'ont toujours fait peur. »

Entendez-moi bien. Je parle là d'une *séparation originelle.*

Elle aurait voulu disparaître en lui, se fondre en lui, ne faire qu'un avec lui.

Mais c'était impossible.

D'ailleurs lui ne voulait pas.

L'été dernier, dans mon île, nous arrivions, C. et moi, au croisement du Bar Es Cap, là où le chemin de Ca'n Parra rejoint la route goudronnée qui mène au phare, à l'extrémité du Cap de Berbería, quand nous vîmes au loin, sur notre droite, un petit personnage énergique chaussé de rollers remonter vers nous à toute allure la pente douce et lisse de l'asphalte. (Le soleil était au zénith, la chaleur épouvantable.) Il s'agissait d'une petite fille, comme nous pûmes le constater, roulant vers elle, de dix ans tout au plus, short et T-shirt clairs, cheveux mi-longs coupés au carré, la peau couleur de bronze, qui allait, qui fonçait devrais-je dire, le visage déterminé, Dieu sait où car, à partir du point où nous la croisâmes, les fermes se font de plus en plus rares jusqu'au grand espace désert qui s'étend face à la mer (puis à l'Afrique !) tout au bout de la route.

Je me plaisais à imaginer, pour magnifier encore l'exploit, qu'elle venait par ce moyen de locomotion du village le plus proche (qui est aussi la capitale), distant toutefois de deux ou trois kilomètres.

Par la suite, nous remarquâmes à plusieurs reprises l'enfant androgyne jouant au football — seule fille parmi les garçons — sur le terrain de foot attenant à l'école du Cap, devant laquelle nous passions tous les jours chaque fois que nous quittions la maison. (Mais là, le soleil descendait.)

Cette vision, la petite fille en rollers sur la route du Cap, se présente fréquemment devant mes yeux. Vous vous demandez pourquoi ? Probablement, à bien y réfléchir, parce que pour moi elle est l'image — sacrée — de l'enfance, de la dualité de l'être, de la Vie par excellence.

Le frère de mon ami va mourir. Je pensais dimanche soir à cela, assise dans la demi-obscurité, et outre la tristesse que m'inspirait pour eux la nouvelle, je ressentis soudain un grand accablement. Aujourd'hui C. est en quelque sorte ma seule famille. Nous avons presque le même âge. Son frère n'a que cinq ans de plus que lui. Bref, non seulement on peut dire que nous sommes tous les trois de la même génération, mais encore ce frère, que je n'ai rencontré qu'une seule fois, de par la situation est comme un frère pour moi. Eu égard à son âge, cette mort annoncée est plus proche d'une fin naturelle que d'un accident. Vous voyez où je veux en venir : la Faucheuse, la « fâcheuse » comme disait Cyrano, approche à grands pas de notre rangée (je n'ose pas dire qu'elle l'a atteinte et pourtant...).

Alors, me disais-je, comment vivre à présent ? Se dépêcher (mais peut-on créer en se dépêchant ?) ou tout planter là, regarder défiler le temps — jusqu'au terme — sans plus ? Trop tard, je me suis réveillée trop tard. Et ce temps, d'ailleurs, comment l'occuper ? J'étais plongée dimanche dans de lugubres pensées : j'ai raté ma vie et il n'y a plus d'avenir. Je cherchais une solution, une raison de vivre. La pièce où je méditais était aussi sombre que ce qui m'attendait. Je crois qu'inconsciemment je pensais à Ivan Ilitch et à Tolstoï car c'est seulement maintenant que je distingue leurs noms. Quoi qu'il en soit, mon esprit, dimanche soir, progressait par élimination : il n'y a plus ça, ni ça, ni ça... dans ces conditions, à quoi bon vivre ? Je me pris à songer à l'amour que j'ai pour C. Mais aimer suffit-il à remplir une vie ? Alors m'apparut, pour la première fois, l'amour que lui me porte tandis que certaines paroles qu'il avait prononcées quelque temps auparavant au sujet de la mort et notamment de la sienne — paroles qui m'avaient stupéfiée puis bouleversée — me revenaient en mémoire. Oui, j'avais une raison de continuer à vivre. Quant à la manière de remplir le temps qu'il me restait, le mieux était de faire comme si de rien n'était : continuer à écrire... et à aimer. Et puis, on ne sait jamais, ça peut durer encore assez longtemps *...

* Alain V. est mort le 10 mai 1999, quelques jours seulement après que j'eus écrit ces lignes. Qu'il repose en paix.

POST-SCRIPTUM

De même qu'un jour j'ai « mis un terme » à mon analyse, de même aujourd'hui je mets un terme à mon livre. Non pas que je ne puisse virtuellement le poursuivre « à l'infini », mais tant de soucis, de problèmes détestables à résoudre m'ont empêchée d'écrire pendant de longues périodes et tant de temps s'est écoulé depuis le jour où j'en ai écrit la première page dans l'enthousiasme qu'aujourd'hui j'ai l'impression de n'être plus la même, ou plutôt d'être dans un état d'esprit autre, tel que ce projet me semble maintenant dépassé, *derrière moi*.

J'ai longtemps hésité avant de prendre cette décision, ne sachant tout d'abord comment interpréter cette non-envie d'aller plus loin. Manque d'inspiration, inhibition passagère, impossibilité définitive d'écrire ? J'ai eu beau tourner dans ma tête encore et encore ces trois hypothèses, je n'ai récolté que souffrance et tourments.

Quoi qu'il en soit, ce qui m'apparaît avec certitude alors que j'écris ces lignes et que j'ai, depuis peu, retrouvé mon équilibre après l'expérience particulièrement douloureuse — et étrange — que j'ai vécue, « subie » serait plus juste, cet été même, c'est que ce livre fait partie désormais du passé, de *mon* passé. Sans doute eût-il été plus épais si les aléas de la vie ne m'avaient ainsi privée par à-coups et de la manière la plus exaspérante de la seule chose qui me *remplisse,* qui donne du poids à mon existence — je veux parler bien sûr de l'écriture.

Mais, à présent, à quoi bon s'acharner ? Le résultat ne pourrait être que catastrophique. Souhaitons seulement que mon éditeur, bon prince, trouve assez de qualités à ce texte pour le publier tel quel. Bien des œuvres dites « inachevées » n'ont-elles pas survécu au temps ?

21 septembre 1999

Composé et achevé d'imprimer
par l'Imprimerie Floch
à Mayenne, le 21 avril 2000.
Dépôt légal : avril 2000.
Numéro d'imprimeur : 48236.

ISBN 2-07-075863-X / Imprimé en France.

95497